Geest-Verlag
Verlag für engagierte Literatur

Gewidmet allen meinen Freundinnen und Freunden – manche seit über 30 Jahren (Rona, Ruth, Beate, Bärbel, Dagmar, Gerti, Ingeborg, Johanna, Karin, Maja, Margit, Britta, Sheila, Susanne, Bernhard, Horst ... nur um ein paar namentlich zu erwähnen), meiner Familie (lebenslang), dem Stammtisch, der Schreibwerkstatt München, dem Radio-Lora 92,4-Team und vor allem Fritz und Mike. Ohne sie gäbe es diese Gedichte nicht. Sie ermutigten mich immer, Lyrik zu schreiben. Und dem Kiosk-Klaus von G. am Starnberger See danke ich auch für meinen besten Schreibplatz dort.
Mein besonderer Dank gilt Inge Witzlau und Alfred Büngen, die mit großem Wohlwollen das „Verdichtete“ förderten und immer wieder sagten: Also jetzt schicke mal einen ganzen Packen Gedichte. Das tat ich und staune nun über die Lyrik zwischen zwei Buchdeckeln. Weitere hundert Gedichte (mindestens) klemmen noch in den Schubladen.

Mai 2019

Marie-Sophie Michel

Flügelschlag in Blau

Verdichtetes

Fotos von
Marie-Sophie Michel
und Michael Bauer

Marie-Sophie Michel
Flügelschlag in Blau
Verdichtetes
Fotos von
Marie-Sophie Michel
und Michael Bauer
Geest-Verlag 2019

Verlag: Geest-Verlag, Lange Straße 41 a,
49377 Vechta-Langförden

Druck: Geest-Verlag

ISBN 978-3-86685-718-6

Printed in Germany

Parc Ma Rose ...

Hier ist es schön. Hier kann ich ruhig weinen.
Hier bin ich Frau – und nicht nur Mutter.
Hier darf ich sitzen – unter blauen Bäumen.
Es sagt kein Traum, was hier verboten ist.

Ein bunter Ball liegt auf der Wiese,
die Amsel zupft an einem Regenwurm.
Ein kleines Mädchen flicht sich neu die Haare
und freut sich übers neue Tupfenkleid.
Vier junge Männer sitzen auf den Pfosten,
ob Edith Piaf richtig singt: „Je ne regrette rien ..."

Liebe von außen und Liebe von innen –
Sie sehen nichts und wüssten doch gern alles ...
Die Rosen tanzen auf den Blättern.
Der Mond blinkt auf und schaukelt sich auf's Haus.
Ich sitze still und ruh' von meinem Mutterlande aus.

nach einer Inspiration durch das berühmte Gedicht Parc Monceau von Kurt Tucholsky

Erinnerungen

Bindeglied

Da sagt einer
Die Bäume stehen so allein
Es stimmt nicht
Ich bin oft bei ihnen
und stehe auf der Brücke
zwischen Leben und Tod

Großmutter

79ter Geburtstag
wischt die Küche
im Morgenmantel
für die Gäste
im Wohnzimmer
ist der Tisch gedeckt
mit der Silberkanne
für alte Frauen
die nicht mehr
in der Sonne sitzen

Nicht allein in der Trauer

Spuren im Schnee: Du
hast Besuch bekommen – der
Nachbar im Grab nicht

Erinnerungen –
manchmal Granatsplitter
die in der Seele wandern und ritzen

Lebensspiel

Ich habe mich in
dein Leben gewürfelt
Der Sommer kam zu Hilfe
Man kann nicht immer
eine Sechs haben
Du hast mich genommen
und wieder auf Anfang gesetzt

Keine Antwort mehr

Für Federico

Du warst so klein
in diesem Mädchenbette weiß
und schliefst dem großen Schlaf entgegen
nur noch die kleine Freude
dass deine Stirn ich küsste
mit kleinen Schritten ins Bad dir folgte
alle Kraft war nur ein letztes Träumen
zwischen Vergangenheit
und dem Öffnen der letzten Tür
die ferne Geliebte aus römischer Zeit
in anderen Jahren rief dich an
Du gabst keine Antwort mehr
Das letzte Wort so schwer zu halten

Erinnerte Geborgenheit

Ich schmecke noch
den Kuchen, den du mir
gebracht
den Nachmittag
draußen war es nebelkalt
Herbst auf Probe
in mir klingen deine
Worte nach
Die Wehmut darin
Für ein paar Stunden
hatten wir's warm
Arm in Arm

Isarsegen für einen Freund

Ach, möge die Isar
dir ein Liebeslied singen
mit grünen Versen
Kastanienmännchen
Schwemmholzgebinden
Möge das Wasser
dir eine Brücke bauen
aus Isarkieseln
über die du barfuß setzen kannst
Mögest du Herzsteine finden
von Urzeiten geschliffen
Mögest du dem Frieden lauschen
im sanften Goldton des sterbenden Tages
Mögest du deine Traurigkeit
auf ein kleines Floß legen
damit sie treiben kann ins große Meer
Mögest du in der Erinnerung tauchen
an die Quelle des Glücks
und dann in der Zukunft
den Regenbogen zu sehen
der sich über dein Leben spannt
Mögest du wieder an dich glauben
an deinen immerwährenden Sommer
in der Nähe des schiefen Turms
Das Leben ist keine Gerade

Atemtraum

Unter deinen Sternenaugen
falle ich zurück in den Traum
atme mit dir wieder
im Rhythmus von Ying und Yang
zeichne die Adern deiner Haut nach
die zu deinem Herzen führen
und weiß der Same gebiert Gedichte
Ich schmecke Waldbeeren mit Honig
vom Sommer geimkert

Weitergereichtes Lachen

Als ich nachher von dir ging
in dem großen Garten
und als ich schaute
viele traurige Leute
wollt' ich rufen –
lasst euch nicht betrüben
Die Wolken spiegeln
sich im Himmel
und ein jeder hat
ein Lachen
auf die Welt gebracht
das wird weitergereicht
von Mensch zu Mensch

Zärtliche Gemeinsamkeiten

In der Welt gibt es keine Gerechtigkeit
eine frühe Lektion
die wir lernen
aber es gibt sie, diese Zärtlichkeit
die Mutter, die ihr Kind an die Brust legt
der Vater, der mit seinem Sohn
einen Drachen baut
der Großvater, der mit seinem Enkel
auf den Bolzplatz geht
die Großmutter, die ihrer Enkelin
ein Märchen vorliest
die Tochter, die mit ihrer alten Mutter
ein Kleid aussucht
der Sohn, der sonntags
die Mutter zum Essen ausführt
Mann und Frau,
die dem Regen
unter der Bettdecke lauschen
Es gibt sie noch, die Zärtlichkeit

Gegensätze

Der Fisch kümmert sich nicht
um seine eigenen Schuppen
Worte: immateriell
und doch substantiell
Bittermandeltage: das Gift der Trauer
wirkt noch viele Jahre
Man sagt: es ist verschneit
aber nie versommert
Sich leer schreiben
wenn das Leben so voll ist
Das Herz wird schwach
lohnt es sich allein
für sich weiterzuschlagen

Gegangen

Ich hungere nach Worten
Du bist gegangen
ohne Abschied
Wäsche aufhängen
deine Stimme sagt mir nichts mehr
Nur dein Gesicht spricht stumm auf den Fotos
Deine Augen ohne Sonne
Manchmal streift mich deine Hand
sanft wie Engelshaar

Unverändert

Der Schlüssel
und kein Haus mehr
an der Balkonbrüstung
spitze Speere
keine Tauben auf grünem Platze
betagt die Bäume
verschatten die Zimmer
die Telefonzelle
den Briefkasten
die U-Bahnstation
Unverändert
hinter der Gardine
der alte Mann festgezurrt
an die Einsamkeit
bis der Platz frei wird
und niemand am Fenster

Angst vor diesen Fragen

Ich bringe ihr Blumen
Wie schön ruft meine Mutter
Welcher Mann schickt sie mir?
Ist eine Karte dabei?
Ihre Lesebrille findet sie nicht
Einen Moment lang ist sie jung
ehe sie fragt:
Und wer bist du?

Flüchtigkeiten

Verwittert das Haus
Schmerzen sitzen in den Mauern
Fliesen haben Risse
das Ockergelb einst hell
alle Schubladen klemmen
Hoffnung trägt Schwielen
Menschen kommen und gehen
Nur Tode bleiben bestehen

Altersnahrung

Erinnerung
unser Brot für alte Tage
wenn wir zahnlos geworden
kauen wir auf ihr herum

Mutter

Mutter hat zu wenig im Topf
Mutter hat zu viel im Kopf
Mutter lacht nicht mehr
Mutter sehnt sich ans Meer
Mutter reist in den Himmel

Vertrieben

Ich habe keinen
Schlüssel mehr fürs Elternhaus
lange schon nicht mehr

Morgens

Blaumänner schwärmen aus
Manche grüßen die Müllbrigade
Bäckerinnen stecken den Zopf hoch
Der Kaffee im Laufschritt
Briefträger teilt gelbe Briefe aus
Sie stapeln sich unter dem Küchentisch
Ungeöffnet in der Spardose
sammeln sich nur Gedichte

Ewige Begleitung

In meine Manteltasche
eingenäht dein Brief
trage ihn sommers und winters

Ein viel größeres Lied

Rezitativ
zwischen Singdrossel und mir
sie viel kleiner als ich
hat das größere Lied

Es herbstelt

Trarira – der Herbst
ist da – Laubsauger brummen
Blätter fallen leis‘

Melancholie eines Morgens

Blick morgens Nebel
spielt mit dem Wind
Eichhörnchen auf der Terrasse
Tuchfühlung
mit der Maus unter der Ligusterhecke
Chrysanthemen konservieren ihre Farbe
im Sonderangebot
gestern noch grün
heute gelb
goldener Oktober
schlägt die Brücke
zum Monat der Toten

Allerseelen

Heute Besuchstag
bei den Toten – sie liegen
schon so lang allein

Begegnungen

Gang durch den Stadtpark
an jeder Kreuzung
flammender Baumengel
mit herbstlichem Schwert
an der Schwelle zu allen Seelen …

Egal

Egal welchen Weg
du wählst – das Ziel
am Ende für uns alle gleich …

Gestern im Vorbeigehen

las ich die Schrift
Gott auf der Couch
war ich bekifft?
Gott auf dem Sofa
Wir leben in sinnfreien Zeiten

Stille Begleiterin

Ich bette mich in die Sonne
die Stille atmet mich
meine Freundin und ich
so viele Stunden haben
wir zusammen verbracht
Sie trägt einen sanften Namen
Melancholie
Töne decken mich zu
Morgentau im Spiegel des Lichts sein

Die Bäume tragen
Kostüme in Orange
Halloween spielt Herbst

Von Tag zu Tag
wird es lichter – die Bäume
geben den Blick frei

Wir sind nur Reisende
im Großraumwagen
wir unterhalten uns
und an der letzten Station
steigen wir aus

Bibliothek – Fluchtort
der Stille – Bücher schweigen
und sprechen zugleich

Bäume verschenken
großzügig Blätter
d'rauf schreiben müssen schon wir ...

Die Muße
Schwester der Freiheit
wurde erschlagen
vom Bruder der Arbeit

Blick aus dem Fenster
Laubhaufen wächst: Igel baut
sein Winterquartier

In Schönheit erstarrt

Leben keine Farbe mehr
Blau des Sommers
zerflossen in weinendem Rot
gelbe Sonnenschnüre
fest geflochten
haben die Seelenmaus verschnürt
und in den Winterschlaf gewiegt

Lichtglocke unterm
Abend – die Straßenlaternen
läuten zur Nacht

Sitzt da – eine
alte Frau nah am Fenster
draußen der Herbst
drinnen der Tod

Nebelszenen

Wenn du ganz alt bist
steigt aus den Wiesen
der Nebel der Kindheit
Szenen längst vergessen
tauchen wie Schemen auf
und spielen noch
einmal deinen Lebenslauf

Das Jahr entgleitet
die Erinnerungen
Blätter vom Herbst verweht
Tapfer der eine, der noch spazieren geht
Die Brücke trägt

Mir träumte mein Geliebter

Ich sang ein Lied aus liebevollen Zeiten
Ich weiß nicht, was will er mir sagen
in all den Nächten und Tagen
an denen er fehlt?
Der Himmel, wenn ich recht informiert bin
sein luft'ges Quartier

Stumme Gespräche

Als er lebte
sprachen sie nicht miteinander
als er im Grab lag
sprach sie täglich mit ihm

Hoffnungsstrahlen

Als die junge Frau die Sonne sah
nach 24 Jahren Keller ohne Fenster
zum ersten Mal im Leben
fragte sie: Ist das Gott?

Am Ende

Zeit, die dich foltert
Die Schwester, nach der du
so oft geläutet hast
am Ende die Niederlage:
das Laken nass

Momente des Sterbens

Der vorletzte Atem
Das Leben, wenn die Puste ausgeht
Unruhiges Flackern
ehe die Kerze erlischt
Dein Leben
die kurze Spanne zwischen Tod und Himmel
Sind dicke Bücher besser
weil sie mehr Seiten haben?

Heim

Angegurtet und festgezurrt
Aufgereiht im Wartesaal Tod
Heim ins Totenreich

Am Rand des Tages

Abschied

Wir teilen nicht mehr viel
nur die Zeit
gleich kommt das Tablett
ein paar Stunden später
Kanüle mit den Tropfen
für blaue Träume
Ein letzter Rausch
ehe die Dunkelheit dich umarmt

Das Leben leuchtet von innen

Die kleinen Vögel
huschen von Bild zu Bild
Glückstöne des Lebens
Flatterhaft karminrot und königsblau
erstarrt der Sonntagvormittag
Auf dem Herd köchelt eine warme Suppe
die Gedanken nisten
erst im nächsten Sommer
bis dahin halte durch

Verlust

Von Jahr zu Jahr
klingt das Klavierspiel trauriger
Mädchen nebenan

Kleinigkeiten

Dass dich einfach
jemand anlächelt
dir jemand die Wange streift ...
diese Zutaten der Menschlichkeit
wir brauchen sie
um uns wieder
wie Küken im Ei zu fühlen
warm umschlossen

Zeit

Ich flaniere durch
den Tag wie die Katze meiner Nachbarin
streunend
dieser Wankelmut
zwischen Glückseuphorie
und Herbstmelancholie
zwischen Warten und Ankommen
Worauf nur?
Die Zeit vergeht auch ohne mich

Wohnen in zu großen Zimmern
mit zu kleinen Fenstern
Der Tisch geschützt mit Spitzendeckchen

SCHÖNER WOHNEN

Stiftet die Ideen frei Haus
Wohnen in zu großen Zimmern
mit zu kleinen Türen

Verlässlich

Strickjacke wärmt
verlässlich: im Gegensatz
zu Liebhabern, Flaneuren
und Lebensabschnittsgefährten

Witterungsbedingt

Es geht heute nicht, es regnet
mir ins Herz hinein

Gesprochene Leere

Fußfessel
des modernen Menschen
angekettet an die Zeit
wo bist du
wann kommst du
noch nie wurde so viel telefoniert
und so wenig gesagt

Zusammen

Eine Flasche Wein
Drei Freunde zusammen Brot
Feier des Lebens-Glücks

Wir sind schuldig

Unser Gold euer Tod
unter der Erde
im schwarzen Herzen Afrikas
Wir reden und reden
von Nokia haben die Kinder
unter Tage noch nie gehört

Lichtinsel

Verwaist der Biergarten
von gestern
übrig geblieben die letzte Maß
Das Wasser rauscht und rauscht
Das Herz lauscht und lauscht
Blumenköpfe vom Tau überzogen welken
Ein silbriges Tropfennetz
fängt die Samen der Zukunft
sitzt an einem verlassenen Tisch
er grüßt
die Kehrmaschine auf zwei Beinen
Die Arbeit beginnt

Zimmer frei:

In meiner Straße
wohnen viele Menschen,
die Gästezimmer haben,
aber keine Gäste.

Monotonie

Tropfen für Tropfen
Verwehter Frühling
Der Flieder bricht –
Das Herz wird langsamer
Die Selbstmordrate steigt

Komisch

Zuerst
hat der Kopf wehgetan
dann der Hals
dann der Bauch
zuletzt bin
ich ein einziger Schmerz

Grabnest

Du bist still geworden
zugedeckt unter den Hügeln deiner Träume
Du bist fortgezogen von mir
Ein Wunsch bleibt mir noch:
Dass dein Lächeln
wie ein Vogel zu mir hergeflogen
bei mir ein Nest gebaut hat

Die Zeit

Die Zeit ist zwischen den Fingern zerronnen
Die Zeit der unausgesprochenen Worte
Die Zeit der unausgeweinten Tränen
Die Zeit der versäumten Telefonanrufe
Die Zeit der nicht gehabten Zeit
Und doch braucht alles seine Zeit
Vielleicht begreifen wir es einmal
mit der Zeit

Großmutter

Blind
Gelähmt
Ohne Zähne
Das Leben hat für
dich keinen Biss mehr

Fingerzeig

Keiner hat
das Kalenderblatt abgerissen
an deinem Sterbetag
blieben alle Uhren stehen
ein Ahornblatt
wehte in meinen Briefkasten

Notwendigkeit der Trinker

Die Gesellschaft braucht ihre Trinker,
sie ersaufen ihr Elend und die
anderen bleiben trocken.

Brachialoptimismus

Der Blinde sagt: Nun ja, meine Sehkraft
kann nicht schlechter werden.

Rückkehr in die Erinnerung

was macht man wenn man
sich verlegt hat
dorthin der trick
wieder zurückgehen
ins zimmer der kindheit
und erneut das vergessene land betreten
apfelblüten weisen den weg

Niemand daheim

Die Traurigkeit hat
ihren Hut genommen
macht vielleicht bei
jemand anderem einen Hausbesuch

Vermutlich

Diejenigen
deren Grab
die Luft war
Rauch am Himmel
hätten diejenigen beneidet
die im Bad einer Klinik
allein vor sich hin starben
wenn sie noch gelebt hätten

Historisches Vergessen

Bald werden
sie nicht mehr sprechen können
die Überlebenden aus den Todeslagern
bald werden die Erinnerungen
von Hand in den Mund
nur noch in Buchstabenschleifen
und Gedenkkränzen
und Geschichtsbüchern zu finden sein
ein paar Schwarz-Weiß-Fotos
auf dem Dachboden des Vergessens

Gebräunt

In Braunau geboren
Braunhemd getragen
Eva Braun geheiratet

Die Steine, sie werden nicht weichen

Die Mutter legt Steine
in den Topf
Die Kinder liegen im Bett
und warten auf ihr Abendessen
schlafen ein
bevor die Steine
erweicht sind
in Sao Paolo
oder Bangladesh
oder Sierra Leone

Gerechte

Neun Leben
hat die Katze
neun Babys
hatte die Mutter
säte die Leichname
in Blumenkästen
Neunundneunzig Gerechte

Entschädigte Schuld

Für das Hängen von zwanzig Kindern
gab es eine Extraration Zigaretten
für das Absitzen von Lebenslänglich
gab es sechs Jahre
für die Unannehmlichkeit im Gefängnis
die Haftentschädigung von 121.000 Euro

Veränderungen

Und der Neid
wird groß sein
unter denen, die Arbeit haben
und denen, die nie mehr eine finden
Und die Armut wird größer
unter den Armen
und der Reichtum wird größer
unter den Reichen …

Wir kommen

Wir kommen
über das Wasser
tot oder lebendig
wir kommen
wir kommen
zu dir
zu euch
zu allen
wir schwimmen
wir kriechen
wir fahren
wir sterben

Liebe

Überwundene Jahreszeiten

In mein Herz fällt
Sonne
wenn ich dich lese
und die Jahreszeiten
haben keine Bedeutung mehr
nur das Wort und dein Kuss
der sich dem Winter stellt

Carissimo

Ich sage gar nicht mehr deinen Namen
Ich geb' dir einfach mein Du-Wort
Du bist das Du, das mein Ich zu deinem Herzen bringt
In mir der Nachhall deines Lächelns
die Welle, die sich dem Ufer ergibt
Du bist der Strand
an dem ich am liebsten liege
Du bist der Sommer
der meine Seele durchglüht
Du bist der Wind
der mich streichelt
morgens und abends
der letzte Gedanke

Geliebtes Ende

Der Abend endet
in der Zärtlichkeit
deiner Armbeuge

Geografie der Liebe

Du bist der rote
Punkt auf der Landkarte
meines Herzens

Geliebte Verirrungen

Wenn du
mit deinen Küssen
meine Brust liebkost
deinen Kopf auf
meinen Bauch bettest

wenn deine Hand
wie eine Geige meine Schenkel streift

dann wachsen uns Flügel
und wir verirren uns in
der Bläue des Himmels

Das Wunder

Ich habe geliebt
gelebt
Blumen gepflanzt
Sonnenuntergänge bestaunt
Menschen geliebt
Mein Spaziergang führt mich ans Meer
Du stehst an der Mole und wartest auf mich
zusammen gehen wir über das Wasser

In Liebe ertrinken

Lass uns weiterspinnen
den Faden der Zärtlichkeit
im Altweibersommer
Kastanien sammeln
Handschmeichler
Lass dich liebmunden und verkosen
Honigverse lecken aus dem Topf der Lust
Das Bienen- und Blumenspiel fortsetzen
Wir haben alle Zeit der Welt

Bleibende Sommer

Mein Herz sommert
auch wenn der See längst verlassen
bade ich in Zärtlichkeit mit dir

Gesommerte Winter erhofft

Ich sommere
Du sommerst
Wir sommern
Ich möchte
auch überwintern bei dir

Hand aufs Herz

Liebst du mich komplett?
Oder nur meinen Körper?
Nimm deine Hand von meiner Brust!

Das kann doch nur Liebe sein

Träume
verraten und verkauft
Fickbasar aus tausendundeiner Nacht
Dildo und Gummipuppe
Das Kamasutra rauf und runter
Jeder rammelt munter
Lust im Netz gefangen
Virtuell und schnell
Siliconbrust und Anafissuren
Wer redet von anderen Blessuren?
Diese verflixte Begierde nach einem Objekt?
Hat man was anderes entdeckt?
Musik Malerei Literatur?
Wie hieß es denn nur?
Ein Wort mit fünf Buchstaben:
gleich werden wir's haben
L... L
Ach, Liebe, kann nur Liebe sein

Am Starnberger See

Lichtspiele

Herbst
Sonne gebiert
andere Sonnen
Die Dinge sind nur
scheinen nicht
bis sie durchsommert sind
vom Himmelslicht

Segelboot – noch nicht
im Winterquartier – Sonne
noch an Bord

War in dieser Hütte
mal der Kini zu Gast? Sie
wirkt so majestätisch?

Der alte Baum staunt
über sein Schattenbild, kann nicht
d‘rüber springen

Altes Ehepaar
Sie gehen im Gleichschritt – eng
durch den Nachsommer

Herbst am See

Ach, Herbst
und leuchtende Hände
der Sommer nimmt kein Ende
Lichtwurf über dem See
Perfekte Bildkomposition
Du hast Hunderte davon
Du kannst es nicht lassen
Immer wieder bleibst du stehen
und sammelst Goldpunkte

Eiche im Wasser
kniend, wie ein Mensch in der
Kirche – zur Sonn‘ hin

Moderne Skulptur
bis zum Frühjahr bleibt sie am
See – die Ausstellung

Zwei Stühle – warum
sind sie verlassen? Hatten
doch Seeposition?

Ich lach mich grad mal
selber an – der See hat's mir
einfach angetan

Die Berge thronen
da wie eine Sphinx
im zarten Nebellicht

Der See ist immer da
wenn man ihn braucht
im Gegensatz zu Menschen
Der Kiosk hat immer offen
wenn man ihn braucht

Stille Rast am See
komm setz dich hin
und schau, schau
auf das Wasser – schau!

Der Baum hat sich ein
Sonnenauge zugelegt,
um besser zu sehen

Achtung!

Gleich
noch ein paar Meter
und du bist da
Kraftort wartet

Angekommen

Rast
Zwei Flaschen
die sich finden und
verbrez'n

Aquarell – der Herbst
hat gezaubert – mit Pinsel
und blauer Farbe

Die neue Bank – frisch
vom Herbst gestrichen – passt farblich
abgestimmt – Ton in Ton

Heute wieder auf
Lichtfang im Herbst, Fotos
mit perfekter Leuchtung ...

Himmelsfresko im
Rokokostil würd' ich sagen
reich verziert mit Baumengeln

Aussichtshügel – ein
wenig Toskanafeeling
hier in Bayern

Hier anlegen für
Immer – ach, komm Geliebter
wir setzen über zum Himmel

Gerader Weg in …

See
und Steg
der gerade Weg
ins Wasser
Leben oder Tod
Man muss springen
und schwimmen können

Für Nicht-Bewanderte

Diese Insel heißt
Roseninsel – grünes Herz
vom Starnberger See

Haus am See – ach, ich würd'
gern darin wohnen – das Bad
morgens kostenfrei

Ratschen mit Aussicht

An diesem Tisch
kann man Brotzeit machen
schreiben, ratschen
eine Runde blöd schauen
mit Aussicht versteht sich!

Ort des Friedens

Mahnmal für Frieden
See, Berge in der Ferne
Die Grenze zum Nachbarn
Der See gehört allen
der Himmel
das Blau

Licht strömt
Wasser strömt
Liebe strömt

Die Seele an einen
Drachen binden – die Schnur
zur Ewigkeit

Himmelwärts

Ich geh zum See – ich
knüpfe ein Tuch
aus Tränen
Wo Wasser ist
fällt Wasser nicht mehr auf
und irgendwann steigt
das Wasser himmelwärts
Wolke Nebel

Versfischer

Es schreibt mich
Ich gehe
Ich gehe Gedanken nach
Ich schnüre am See entlang
immer auf Versefang

Seesicherheiten

Bald werden wir wieder hinfahren
an unseren See
und schauen, ob alles noch da
ist, wie es sein sollte
Es ist gut zu wissen
der See ist da
die Bank
der Kiosk
der Himmel
und das Blaulicht
Uns kann nichts passieren

Geliebter Ort

Mein Platz an dem ich
den Sommer schreibe
Der Ort des Wieder-Frühlings
Wir beide im Zen

Worte für den See

Es ist Winter
Es ist kalt
Ich schreibe für den See
Ich sitze da und starre auf ihn
mein Herz blaut
Ich schaue und schaue
bis das Bild am Laptop dunkelt

Klarsichtiger Tag

Viele Menschen haben mit mir geschaut –
so viele Schritte zum See
so viele Blicke
so viel Licht

Was ist Wolke? Was
ist Licht? Winter und Stille
ein Winter-Gedicht

Die Bootshütten bayrischer Bauart
ähneln sie im Schnee nicht japanischen Teehäusern?
Und der See scheint mir ist auch gewachsen

Zwischen Himmel und Erde
der See in der Winterumarmung
ergreifende Schönheit

Wie zum Gebet recken
die Bäume ihre Stümpfe
dem Himmel entgegen

Spiegelung – so was
verspricht nur der Winter –
kalte Klarheit

Das Bootshaus – es schläft
den Winterschlaf – steht so still
und schweigt verschlossen

Magnetische Zaubereien

Ich setze ungern
meine Schuhe in den
Winter
doch zum See tragen mich
die Füße von allein

Das Blau der Träume

Ein anderes Leben

Tränen beim Abschied
Capri liegt da wie immer
Das Gewoge des Meeres
Die Boote fahren von rechts nach links
Die Szenerie, die wir lieben
Alles spielt perfekt mit
Sonne, Welle, Pasta
Unendliche Leichtigkeit
Hier und dort kann ich
unglücklich sein
im Süden trocknet
das Herz schneller

Gedicht vom Süden

Das Herz weitet sich
der Fischadler stürzt sich auf die Seelengräte
die Eidechse huscht durch die Zypressenhecke
Du ergibst dich
Stille und Sonne
Ankommen: Heimat die zweite
Das Herz schlägt ruhig, dem Sommer angepasst
Wäsche nochmals im Regen gewaschen
Die Tage dümpeln im Sommer dahin
und langsam entweicht die Luft
aus der blauen Luftmatratze
Ich suche nach Atem
Schwarze Ballung am Himmel
Lichter und Touris auf Abendamüsement
Pizza und Pasta
und Gelati für's Glücksgefühl
Letzteres erfrischend und kühl
Alle Vorurteile aufs Schönste kredenzt:
Zu viel Sonne
zu viel Gesang
zu viel Dolce Vita
und wir trällern die Zitronenserenade
und überfahren nicht nur einmal den Herrn Brenner ...

Sehnsucht

Flügelschlag der Sehnsucht
Nach sich selbst
Nach der Heimat
des eigenen Ichs

Und dennoch

Die blaue Stunde
gehört uns
das sterbende Licht
die Decke
auf deiner Hüfte
dein Lächeln
das schläft

Leid

herz außer sich
schmerz pocht an die schwelle
ein arm, ein kuss
lidschlag lang schmerz gebannt
und doch gehe dem leid
auf den grund
sieh keine hoffnung mehr
zuerst beweine die nacht
dann den tag
aus tränen
funkeln diamanten
wenn dir die tiefe des brunnens fehlt
wäre der trost vergebens
warte bis es sich setzt das kreuz
auferstehung folgt nie
vor dem tod

Kalte Zwischenzeiten

Noch ist nicht Frühling
noch muss ich in die Kälte
dulden zwischen Zehen und Menschen

Rufe

Sommer im Garten.
Ein Vogel singt. Der Himmel
steht in vollem Blau.
Bedächtig still dreht die Frau
ihre Runden in den Rosen.
Die Gießkanne schwappt über.
Sie bleibt stehen.
Ihr war, als ob er gerufen hätte.
Kurz schaut sie hoch.

Himmelsnass

Blauberg
Bergblau
Zauberberg
Bergzauber
im Winterlicht
Lichtwinter
am Wasserhimmel
Himmelswasser

Postkartenkitschblick

In der Ferne küssen sich
Himmel und Meer
Pinien und Palmen
umrahmen das Bild
ein paar Zikaden
tragen die letzten Akkorde vor
der neue Tag atmet dich
und die Toten bleiben
im Frieden des Südens

Elemente

Die erste Sprache: Wasser
Die erste Musik: Wind
Die erste Heimat: Erde
Die erste Liebe: Himmel
Vielleicht

Nachrichten aus unserem Sommerhaus

Unter der Bank hat die Maus Quartier bezogen
Rosenstock ist nicht freigiebig
Karaffe Eistee wird stetig nachgefüllt
Sonnenschirm im Dauereinsatz
Cosma wiegen sich balleteus im Wind
Löwenmäulchen applaudieren
Mein Bücherstapel schmilzt
Jeden Tag träumt mein Kleiner von Capri
So heißt sein Lieblingseis
Im Planschbecken hat
eine Kaulquappe ihr Paradies gefunden
wie schnell – ohne Zutun
verblühen die Stunden

Spürt den Wind

Macht die Augen auf
Wo ihr seid
In der Fremde
unter Palmen
Spürt den Wind
zwischen den Zehen
Werft eine Flaschenpost ins Meer
Nie seid ihr zu alt dafür
Schreibt keine Kürzel
sondern Karten aus den alten Städten
dort wo ihr den Zweigen
im Schatten gelauscht habt
bei einem Espresso
oder Bacardi
Macht eure Hände
voll mit Kieselsteinen
und Muscheln
und kommt zurück
mit Tang in den Haaren
oder Silberdisteln
vom Gipfelkreuz

Gebt kleine Münzen
den Kindern mit
den hungrigen Augen
die Exotik trägt die
zerschlissenen Kleider des Kontinents
Ich weiß nicht, wohin eure Reise geht
Ich hoffe, die Rosen vermissen euch nicht

Wenn

Wenn dereinst der Tod kommt
möchte ich einen Tag wie heute
einen Sonnenaufgang, still, nur von
der Nachtigall begleitet
damit ich ein letztes Mal
den Himmel atmen höre
während ganz sanft
du mich an die Hand nimmst
Du kennst den Weg

Sommersonntagsidylle

Schiff und Meer
halten am Kai ein Schwätzchen
Sommer im Sonntag

Poetische Urlauslyrik

Wohin später

Der liebe Gott muss ein Italiener gewesen sein
der reinen und unverfälschten Schönheit zugetan
wenn es ihn nicht gäbe, müsste man ihn erfinden
sagte einst ein Philosoph
den Geist beseelt die Welt
wenn die Wärme aus dem Körper weicht
wohin entschwindet sie?
Energie geht nicht verloren

Manchmal lehrt die Schule auch das Leben

Universell ist nur eine Sprache

Pfingsten:
Fest der Zweifler und der Seligen –
Universell nur die Sprache der Liebe

Südliche Ouvertüre

Taormina
Vier Taktschläge
Vier Silben
Ouvertüre für Schönheit
auf dem Berg des Stiers
das Meer Kulisse
Vorhang auf im antiken Theater
Blau steht auf dem Programm
Die Farbe dieses Südens
gepaart mit Limonengelb
aufgemischt mit Violett
Bougainvillea in Gigantengröße
Schwarzsilber – nachts – die Zypresse
Irgendwo tanzt ein Stern Tarantella
und der Ätna gibt ein Feuerwerk

Inspiration

Du fragst wie es den Gedichten geht:
schlecht!
Es geht mir zu gut, hier auf dieser Insel –
Perle des Mittelmeers
der Italiener in mir flüstert:
Troppo bello, troppo bello

Touristenjagd

Taormina: meist besuchter Hotspot
der Touristen auf Sizilien
Tourischlendrian in allen Gassen
auf der Jagd nach dem schönsten Blick
an der Balustrade Piazza Agostino
gleich bei der Wunderbar

Dreiklang-Idylle

Felsen-Gischt, gleißendes Blau
Ätna mit weißem Gipfel
Häuser an den Hang geschmiegt
Zypressen, Palmen und Ginster grüßen
im Dreiklang – nahe am Kloster

Traumfarben

Tiefblau das Meer – der
Himmel eine Nuance, nur
eine Nuance heller

Sizilianische Gefühle

Den Tag leeren
und das Glas Wein
Das Meer trägt weiße Schaumkrönchen
Sonnenschirme ächzen im Wind
Gruß aus Afrika
Der Bagnino kehrt mit großer Geste den Sand
Vorsaison
allein die Möwen erobern den Himmel

Blauplauder

Man erzählt sich sein kleines Leben
immer an langen Abenden
bei Bier oder Wein
nicht bei stillem Wasser

Blaue Andacht

Sonnenuntergang
und Erwartung der Nacht
Geist im Glas auf Traummodus –
die blaue Stunde:
Blick der schweigt
zum Meer hin oder zur Piazza
Andacht auf die Fülle des Lebens

Traumschiff

Schiffe im Schlaf – sie
sind so wehrlos – wenn niemand
sie auf das Meer setzt

Nicht ausgelöschte Wirklichkeiten

Nicht viel reden – dasitzen und warten –
bis der Vorhang fällt
Sonne verschwindet am Horizont
Sinnestäuschung
Sie ist nicht ausgelöscht
Genauso wenig wie die Welt
hinter geschlossenen Lidern

Geheimnisse

Das Meer ist unsere Erinnerung
an den Mutterleib
Jede Welle ein Stups
Das Meer birgt unsere Geheimnisse
und spiegelt unser Leben
vor und zurück
Ankunft und Abschied
Sturm und Flut
Ebbe und Stille
Der Himmel darin
das Licht, das sich in der Ferne bricht

Niemals einsam

Über das Wasser zu schauen ist etwas anderes
als über den Berg zu schauen
In Taormina gibt es kaum einsame Zypressen
Sie wachsen in einer großen Familie

Rückkehr in die Wirklichkeit

Die Rosen haben mich begrüßt
in vollem Ornat
tragen das Signum des Sommers
mein Herz noch halb in Italien
flugs in Deutschland
München prahlt mit Dolce Vita in Bavaria
Die alte Frau schiebt ihre Hab und Seligkeiten
in bunten Plastiktüten durch den Bahnhof
wegfliegen kann sie nicht aus ihrem Leben

Aphorismen

Früher wartete man auf den Eilboten,
heute auf whatsapp ...

Das Leben – manchmal eine Seifenoper
mit unendlichen Folgen ...

Der Schmerz klebt an einem
wie Teer unter der Sohle.

Gefräßig wir sind:
Immer die volle Portion Glück statt eines Häppchens.

Alle schweigen am gleichen Ort:
Das Handy sucht im Untergrund nach Kontakt.

Kleiner Trost nebenbei:
Am Ende unseres Lebens werden keine Zeugnisse verteilt.

Freundschaftspreis heißt es in der Werbung,
seit wann kostet Freundschaft Geld?

Das Maria-Prinzip: Schmerzen
ertragen bis zum Ende.

Dort, wo früher der Schmerz siedelte,
hat die Leere ein Haus gebaut.

Man wird nicht alt auf einen Schlag,
man knittert Falte um Falte.

Es gibt das elfte Gebot:
Bitte schlag' die Zeit nicht tot.

Bleiben erfordert Stärke und Sitzfleisch,
Weglaufen Mut oder Feigheit.

Der größte gemeinsame Nenner zwischen Menschen:
Einsamkeit und Leid.

Die Sorgen einfach auf das Badelaken geworfen:
Das ist Urlaub.

Das Leben fällt zusammen
wie der Bierschaum im Weißbierglas.

Flüssig ist er längst nicht mehr,
bald vielleicht überflüssig.

Man muss sein Herz immer offen halten
für den Durchzug der Menschen.

Man ist durchtrainiert, durchtherapiert
und hat doch nichts kapiert.

Auch der wärmste Mantel schützt nicht vor der Kälte
unter den Menschen.

Wer sich nicht mehr schämt,
lebt vielleicht ganz unverschämt?

So viel Elend hat in der Fiktion gar nicht Platz,
wie uns das Leben bietet.

Wenn die Lebenden die Lebenden zu Lebzeiten begraben,
wer begräbt dann die Toten?

Wo liegt das Paradies?
Im Ferien-, Einkaufs- oder Möbelparadies?

Heldentod eines Schriftstellers:
Von der Bücherwand erschlagen.

Die Lebenden bekommen die Toten
in ihren Träumen zurück.

Zuweilen wäre es doch praktisch, zur Prophylaxe eine
Schmerzdämmung an der Körperfassade anzubringen,
meinetwegen auch das Herz zu isolieren ...

Wer kein Herz hat,
muss keine Herzbeschwerden fürchten.

Universalsprachen der Welt:
Musik und Liebe.

Das Format Flachbildschirm passt sich dem Format der Sendungen an.

Du hast die Blumen des Vergessens gepflückt,
ich säe Bäume der Erinnerung.

Manche leben im Überfluss –
bis zum Überdruss.

Man sperrt Leute ohne Geld nicht ein,
man sperrt sie aus.

Für das Leben gibt es
keinen Routenplaner.

Wer will schon heilig sein? Ein Heiliger ist unter so vielen Sündern ganz schön allein.

Wer anfängt, über seine Beziehung zu reden, hebt manchmal schon das Grab aus.

Es gibt Bücher, die einem zufällig in die Hände fallen, auch ins Herz – so wie Menschen.

Man braucht den Feind als Ventil,
wenn einem das eigene Ich zu viel.

Solange wir Kleinigkeiten aufbauschen,
ist unser Lebensglück nicht bedroht, höchstens unser
empfindsames Ego getroffen.

Magnetismus:
Unglück zieht Unglück an.

Neustart am Computer ist möglich,
beim Menschen?

Im Norddeutschen ist man auf der Arbeit, im Süddeutschen in der Arbeit (mittendrin).

Die Vergangenheit: ein Kaleidoskop.
Jegliches Schütteln erzeugt eine andere Farbe.

Viele boxen sich durch's Leben
ohne entsprechendes Training ...

Man erntet oft ungläubige Blicke
wenn man sagt, man sei gläubig ...

Mit Gedichten sich,
nicht die Welt verändern.

Man muss das Leben im Ganzen lieben,
ehe man die Details erkundet.

Wer mit seinem Leben nicht mehr fertig wird,
macht oft andere fertig.

Warum soll man die Zeit vertreiben?
Soll sie nicht bei uns verbleiben?

Wer nicht ein Auge auf den Frühling wirft,
war noch nie verliebt in das Leben.

Die, die uns am nächsten stehen,
werden oft übersehen.

Der beste Humus für Gedichte:
eine unglückliche Liebesgeschichte.

Väter, die nicht in den Krieg durften,
entfesselten einen zu Hause.

Arbeit macht das Leben süß,
welcher Feinschmecker hat das erfunden?

Die Kunst des Nichts-Tuns
ist am besten von Jugendlichen zu lernen.

Der Gehängte ist im Lot,
die Lebenden strampeln noch.

Man sollte sich vor Menschen hüten,
die nie an Weltschmerz leiden.

Chefarztvisite
Einmal drehen pro Tag, ansonsten ist der Pflegeplan
nicht einzuhalten.

Manchmal schreiben junge Dichter
ganz alte Worte.

Das Schweigen hat sich angefreundet,
wir gehen Hand in Hand.

Auf welches Sofa
legen sich eigentlich Therapeuten?

Früher gab es bei Problemen Freunde,
heute gibt es Trauerbegleiter und Lebensberater.

Die Revolution hat gesiegt: Gänseblümchen
besetzen den Golfrasen.

Flüssig ist er längst nicht mehr,
vielleicht bald überflüssig.

Jeden Morgen mit neuem Mut
die Schwermut bekämpfen.

Andechs

Inhaltsverzeichnis

Es herbstelt

Am Rand des Tages

Das Blau der Träume

Poetische Urlaubslyrik